SCHULE DER PHANTASIE
RUDOLF SEITZ · TRIXI HABERLANDER

5 4 3 2 1   93 92 91 90 89

© 1989 by Ravensburger Buchverlag Otto Maier GmbH

Gesamtgestaltung: Rainer Benz, Stuttgart

Titelfoto: Bernd Hagemann
Umschlaggestaltung: Rainer Benz

Fotos: Bernd Hagemann, ausgenommen:
S. 44, 48 Rudolf Seitz
S. 18, 24, 64 Volkmar Dinkel
Still-Life-Fotos: Chris Maier

Redaktion und Konzeption: Gisela Walter

Printed in Germany
ISBN 3 - 473 - 41098 - 5

CIP-Titelaufnahme der Deutschen Bibliothek

Schule der Phantasie: Kinder u. Künstler werken, malen
bauen, spielen / Rudolf Seitz; Trixi Haberlander.
Textbearb. von Trixi u. Jürgen Haberlander.
Fotos von Bernd Hagemann. –
Ravensburg: Maier 1989
  ISBN 3 - 473 - 41098 - 5
NE: Seitz, Rudolf [Hrsg.]; Haberlander, Trixi [Bearb.]

RUDOLF SEITZ · TRIXI HABERLANDER

SCHULE DER PHANTASIE
KINDER UND KÜNSTLER
WERKEN, MALEN, BAUEN, SPIELEN

Textbearbeitung von
Trixi und Jürgen Haberlander
Fotos von Bernd Hagemann

Otto Maier Ravensburg

Allen Mitarbeitern an diesem Buch
und auch den Kindern sei herzlich
gedankt, ganz besonders aber
Trixi Haberlander. Ohne ihre Mitarbeit
wäre das Buch so nie zustande
gekommen.

Wollen wir die Kreativität unserer Kinder wirklich?

Die Phantasie ist ein wichtiger Bestandteil der Kreativität. Man könnte sie als Einbildungskraft, als Erfindungsgabe definieren. Ein phantasievoller Mensch kann sich nur auf seine Lern- und Lebensgeschichte berufen. Seine Erfahrungen, was er gelernt, erlitten, aufgenommen hat, sind der Hintergrund, aus dem heraus Ideen, Einfälle und Bilder entwickelt werden.

Phantasievolle Menschen erleben ihre Umwelt mit all ihren Sinnen. Das ist gar nicht so einfach. Die Reizüberflutung unserer Umgebung zwingt zur Abschirmung, wenn wir überleben wollen. Unsere Informationsaufnahme muß notgedrungen reduziert werden, damit sie noch verarbeitet werden kann und Reaktionen möglich sind. In der Hektik unseres Alltags, in der zweckbetonten Verplanung unserer Tagesabläufe bleiben nur noch »Überlebensfakten«, zum Beispiel Informationen wie »Rotlicht«, »Auto«, »da steht jemand«. Andere Dinge wie »Wer steht da, was hat er an, was könnte er für einen Beruf haben« werden nicht wahrgenommen. Das sind Luxusinformationen. Nur wenn wir viel Zeit haben, dann sind unsere Sinne offen und bereit für diesen Luxus. Durch unsere Sinne nehmen wir vielfältige Beziehungen zu unserer Umgebung auf und bestimmen damit auch den eigenen Standort, uns selbst.

Gilford ging in seinem berühmten Vortrag »Creativity« am 5. Sept. 1950 der wichtigen Frage nach: Gibt es den kreativen Menschen wirklich? Es war ein Ereignis in der Wissenschaft, das eine Flut von Publikationen auslöste. Er beobachtete Zeitgenossen und analysierte Biographien historischer Persönlichkeiten, denen man nachsagte, sie seien kreativ. Dabei stellte er fest, daß es sehr wohl ein Persönlichkeitsprofil gibt, das typisch ist.

Kreative Menschen sind flexibel, sie finden sich schnell auch in ungewöhnlichen Situationen zurecht. Sie sind grundsätzlich bereit, neue Gegebenheiten mit einzubeziehen. Vielleicht reizt es sie sogar.

Kreative Menschen neigen zu Assoziationen. Man versteht darunter die Fähigkeit, auf Impulse von außen mit Ideen, Bildern oder Vorschlägen zu reagieren. Diese Fähigkeit setzt ein reich sortiertes Vorbewußtsein voraus. Je mehr Bilder, Vorstellungen, Erfahrungen ich in mir trage, desto größer ist die Wahrscheinlichkeit, daß mich ein Anstoß von außen bewegt, an-stößt.

Kreative Menschen sind originelle Menschen. Damit sind nicht Spitzweg-Originale gemeint, sondern Menschen, die den Mut haben, sich selbst anzunehmen. Das ist nicht immer leicht. Die Grenzen werden einem ständig durch das Rollengeflecht, in das wir verstrickt sind, mit der oft so schwierigen Balance zwischen unserer Wunschvorstellung, wie wir sein möchten und dem, was uns von anderen erlaubt wird, zu sein, gezeigt. Die Angst vor Blamage verhindert so viele originelle Ideen und Verhaltensweisen.

Kreative Menschen sind spontan, haben nicht nur das Bedürfnis, sondern auch den Mut, sich auszudrücken und – sie führen eine Sache auch zu Ende. Das unterscheidet sie von den Ideenfeuerwerkern, die vor Einfällen sprühen, die aber alle wie Sternschnuppen verglühen.

Besonders auffallend ist bei kreativen Menschen die Bereitschaft, sich eine Sache auch anders vorzustellen. Alle Erfindungen sind so gemacht worden. Es müssen Denkgewohnheiten aufgegeben, Denkschemata übersprungen werden.

Kreative Menschen verfügen über eine größere Konflikt-Toleranz und haben meistens Humor. »Humor ist, wenn man trotzdem lacht!« Vielleicht ist es das, was die innere Freiheit gibt, die nötig ist für spielerisches, manchmal utopisches Denken, das Kreativität ermöglicht.

Natürlich ist das nur ein idealtypisches und in dieser Form auch noch unvollständiges Profil. Den einen, typischen kreativen Menschen gibt es nicht, das würde der Sache in sich widersprechen. Distanziert betrachtet sind diese Fähigkeiten auch nichts Besonderes. Jeder könnte sie besitzen. Wer mit kleinen Kindern arbeitet, weiß, daß diese Fähigkeiten im Menschen vorhanden sind.

Bei den Kindern können wir sie beobachten. Doch bei uns Erwachsenen müssen wir hier erhebliche Lücken feststellen. Sind diese Fähigkeiten bei uns überhaupt gefördert worden? Hat man sie gewollt oder wurden sie unterdrückt?

Es ist ein sicher berechtigtes Pauschalurteil, wenn ich behaupte, daß unser Erziehungssystem Sensibilität, Flexibilität, Assoziationsbereitschaft, Originalität usw. nicht gerade favorisiert, sondern eher unterbindet und verhindert.

Doch das Persönlichkeitsprofil kreativer Menschen, als Bündel spezifischer Verhaltensweisen, müßte viele Überlegungen auslösen. Wenn man für Kreativität eine Definition zugrundelegt, nach der es sich um die Fähigkeit des Menschen handelt, neue Denkergebnisse hervorzubringen, müßte der Pädagoge für seine Arbeit mit Kindern daraus einiges ableiten.

Wenn Kinder kreativ sind und neu denken, kennen wir Erwachsene aufgrund längerer Lebenserfahrung und des Informationsvorsprungs das Ergebnis meistens schon. Das veranlaßt uns, die umständlichen Wege abzukürzen. Wir lehren dem Kind Dinge und leiten es an, wo es selbst denken, erfinden und entdecken könnte. Damit bringen wir es um die Chance, die kreativen Fähigkeiten zu verstärken, die es noch hat und ihm ermöglichen würden, selbst auf die Ergebnisse zu kommen.

Schon die Überlegung, daß wir unsere Pädagogik so aufbauen, daß wir immer heute für morgen lernen und Kenntnisse vermitteln, die die Kinder in der nächsten Klasse oder im Beruf, für's Studium usw. brauchen, müßte uns stutzig machen. Denn, ob wir dieses morgen erleben, wissen wir nicht. Wir wissen aber, daß der Tag, den wir heute mit den Kindern verbringen, unwiederbringlich in ihrem und unserem Leben vorbei ist. Dies müßte uns dazu veranlassen, uns so zu verhalten, daß das augenblickliche Glück der Kinder möglich wird. Das würde im Umgang mit Lerninhalten und untereinander zu Verhaltensweisen führen, die Erfahrungen miteinbeziehen, die das individuelle, auch ungewöhnliche Denken abverlangt, die Kreativität. Es steht fest, daß das gegenseitige Angenommensein, die ermutigende Partnerschaft mit den Kindern und der geduldige und humorvolle Lehrer diese Kreativität fördert und ermöglicht.

Doch, wollen wir denn wirklich kreative Kinder? Sie sind nicht einfach mit ihrer nimmersatten Neugierde, mit ihrem ausgeprägten Mitteilungsbedürfnis, mit ihrem nicht unkritischen Autoritätsverständnis, mit ihrer Intensität und ihrer Ausdauer. Können wir all das aushalten und zulassen? Kreative Kinder fordern vor allem den heraus, der ganz anders ist.

Ich meine, daß sich hier noch eine ganz andere Frage stellt. Es ist nicht die musische Frage, ob wir Kreativität wollen oder nicht. Es ist eine existentielle Notwendigkeit, daß wir die Kreativität wollen müssen und daß wir alles daran setzen müssen, sie zu fördern und zu ermöglichen.

Unser bisheriges Denken, unsere Wertordnung haben zu Ergebnissen geführt, die uns selbst gefährden. Das Waldsterben, Smogalarm, Wasservergiftung, das irrwitzige Waffensystem und nicht zuletzt Tschernobyl führen uns vor Augen, daß wir dringend umdenken müssen. Die Fähigkeiten kreativer Menschen sind gefragt, die sich etwas anderes vorstellen als »Wir können die Kernkraft nicht aufgeben!«, »Wir können die Geschwindigkeit nicht begrenzen!« –»Wir können die Industrie, die die Luft zerstört, nicht einschränken!« Wir müssen jetzt umdenken, was unsere Ansprüche, unsere Erwartungen, unsere Bedingungen anbelangt. Wir brauchen Phantasie!

Jetzt ist die Kreativität der Pädagogen gefragt, die sie darauf verwenden sollten und überlegen, wie man die Kreativität der Kinder erhalten kann. Vielleicht schaffen wir dann eine Umgebung und ein Leben, die menschenwürdig sind.

Prof. Rudolf Seitz, München

Die Schule der Phantasie

Aus einer Idee wurde ein Projekt, aus einem Projekt ein Modellversuch – und heute ist die »Schule der Phantasie« eine feste Einrichtung der Stadt München geworden.

Die positiven Erfahrungen des Projekts überzeugten den Münchner Stadtrat. Er beschloß 1980, die »Kurse für bildnerisches Gestalten an Grundschulen« zu unterstützen. Zunächst wurde ein Modellversuch für ein Jahr eingerichtet. Doch der Erfolg war sichtbar und inzwischen ist die »Schule der Phantasie« zu einer weitverzweigten Organisation herangewachsen mit weit über 100 Kursen. Die Kurse werden einmal pro Woche angeboten. Ort des Geschehens sind die Werkräume der Grundschulen. Anfallende Kosten übernimmt die Stadt München. Deshalb kann für alle Kinder die Teilnahme kostenlos sein.

Betrachtet man die Lehrpläne der staatlichen Schulen, so sind sie von einer Überbetonung der kognitiven Wissensvermittlung und Fähigkeiten gekennzeichnet. Die Entwicklung und Förderung der kreativen Anlagen der Kinder werden vernachlässigt. In der »Schule der Phantasie« möchten wir dieses Defizit auffangen und den Kindern die Chance geben, sich frei und spontan zu betätigen. Unser Ziel ist, auch die schöpferische Eigeninitiative und die Fähigkeit des bildnerischen Ausdrucks zu fördern.

Die Kursleiter sind Künstler und Kunsterzieher. Sie haben zum Teil langjährige Berufserfahrung und wollen ihr Können und Wissen den Kindern anbieten. Es sind aber auch Berufsanfänger und Studenten dabei, die mit ihrer, ihnen eigenen Begeisterung neue und interessante Impulse geben. In der »Schule der Phantasie« bestimmen die Kursleiter und die Kinder gemeinsam das Programm. Die Themen werden besprochen und die Ideen und Lösungsmöglichkeiten gemeinsam erarbeitet. So lernen die Kinder die Werkmaterialien und handwerklichen Techniken kennen. Beide, Kinder und Künstler, lernen voneinander. Jeder Kursleiter bringt sein Wissen und seine Erfahrung mit ein und schöpft seinerseits aus dem Ideenreichtum der Kinder.

Wie die Kursleiter sich vorbereiten, welche Ideen, Materialien und Techniken sie anbieten und was die Kinder daraus entwickeln und umsetzen, das wird in Form eines Werkstattberichts erzählt, der oft auch wie ein Erlebnisbericht abgefaßt ist.

Mit diesem Buch wollen wir Eltern und Erzieher, Kunsterzieher und Künstler animieren, selbst Aktionen dieser Art mit den Kindern zu beginnen.

Trixi Haberlander   *Gisela Walter*

Martin kramt aus seiner Hosentasche ein geheimnisvolles Kästchen hervor. Er dreht und wendet es so lange hin und her, bis ihn alle anderen Kinder neugierig umringen. Erst dann öffnet er seinen Schatz für das erwartungsvolle Publikum.

Der Deckel hebt sich langsam und dann – nur rostige, verbogene, alte Nägel sind zu sehen. Enttäuschung, Staunen, Fragen. Martin erklärt voller Sammlerstolz:

»Ich sammle alte Nägel, sie erzählen so viel.« Aha, deshalb werden sie so liebevoll in dem Kästchen aufbewahrt.

»Mein Vater sammelt alte Gläser und schöne Flaschen. Er hat dafür eine Vitrine bauen lassen«, erzählt Stefan. »Und mein Großvater hat Schmetterlinge gesammelt.« »Zeig es uns doch!«, sagen die anderen, und tatsächlich, wir dürfen kommen.

Mit gespanntem Interesse begutachten die Kinder die Falter in der hölzernen Vitrine mit dem alten Glasdeckel. »Kennst du den?« Die Kinder sind begeistert von der Vielfalt der Farben, Formen und Muster.

Sie lesen laut die Namen vor und was sonst noch von der vergilbten, kaum mehr lesbaren Beschilderung zu erfahren ist.

Pfauenauge und Zitronenfalter sind bekannt, über die anderen wird gerätselt: Der könnte Tiger- oder Zebrafalter heißen, der vielleicht Schillerauge oder Pünktchen…

Zaubern wir uns doch auch bunte Schmetterlinge, die wir dann in einer Sammlung zusammenstellen!

Beim Herstellen des Schaukastens arbeiten wir zusammen, denn die dicke Pappe können die Kinder allein weder biegen noch schneiden. Für die Falter und anderen Insekten ist jedes nur denkbare Material vorhanden. Besonders die glänzenden Papiere und kleinen Stoff- und Netzstückchen sind dafür sehr beliebt.

Beim Erfinden der verschiedenen Namen geht es natürlich laut und lustig zu. Es gibt Buntflatterlinge, Flügeltiger, Zebraling und einen Fliegenden Teppich. Wir ordnen die seltenen Exemplare in unseren Sammelkasten und setzen dann fein säuberlich die Namenskärtchen darunter. Wie eine Kostbarkeit betrachten nun die Kinder ihre neue Schmetterlingssammlung.

Flügeltiger, Zebrafalter, Buntflatterling

Karneval der Harlekine – schon der Titel des Bildes von Joan Miró macht großen Spaß. Er ist klangvoll, ungewöhnlich und richtig geheimnisvoll.
Die Kinder sitzen am Boden und betrachten neugierig dieses Bild, das vor ihnen liegt. Erst nach einiger Zeit stellen sie Fragen.
Was ist ein Harlekin?
Was macht er im Karneval?
Besser als alle Antworten und Erklärungen kann das Gedicht von Josef Guggenmoos die bunte Aussage des Bildes vermitteln.
Das verstehen die Kinder, diese Sprachphantasien gefallen ihnen und die tanzenden und schwebenden Wesen Miros begeistern sie. Das steckt an. Die Kinder lachen und reden laut.
Sie wollen jetzt ihre eigenen Harlekine tanzen lassen und mit ihnen Karneval feiern.

Das Papier kann nicht groß genug sein. Schwungvoll malen sie mit dicken Pinseln und schwarzer Plakafarbe ihre Figuren.
Manche Kinder lassen sich von den gaukelnden Wesen Mirós beeinflussen und orientieren sich an seinen Ideen. Anderen ist es wichtig, daß ihre Harlekine als menschliche Wesen zu erkennen sind. Einige Kinder dagegen erfinden ganz eigenständige Phantasiefiguren.
Schau, wie die Harlekine schon tanzen!
Mit Pinsel und Wasserfarbe werden ihre Kostüme jetzt farbenprächtig angemalt.

Der Karneval beginnt und findet bald einen Höhepunkt im Tanz der Harlekine. Dabei hüpfen, tanzen und schweben die Kinder durch den Raum, halten ihre Harlekinbilder vor ihren Körper, machen Späße und lassen sich von der Stimmung ihres Karnevalfestes treiben.

> *Ich bin der große Mirockel.*
> *Hoch überm Schnurrbartsockel*
> *kräh ich mein Kikeriki!*
> *Lauf ihm nach!*
> *Dort fliegt es hin!*
> *Ich bin Mirockel – Gockel – Harlekin!*
>
> *Guggenmos*

Karneval der Harlekine

13

Mit geschlossenen Augen reisen wir in unserer Phantasie ins Weltall und entdecken in unbekannten Sonnensystemen ungewöhnliche Lebewesen. Anfangs gibt es großes Gekicher, denn wir finden die unbekannten Wesen witzig und ungewöhnlich. Mit Wachsmalstiften versuchen die Kinder dann, alle ihre Wesen, die sie gesehen haben, zu Papier zu bringen.

Da liegen sie nun in Reih und Glied auf dem Boden, die unbekannten Wesen fremder Sterne. Die Kinder erklären, wie sie sind: neugierig oder friedlich, böse, angriffslustig oder faul. Sie unterscheiden sich alle voneinander und sind erstaunlich und besonders. Wir wollen natürlich mit diesen Wesen spielen, sie anschauen und agieren lassen. So machen sich je zwei Kinder daran, die Figuren mit Zeichenstiften aller Art auf einem großen Bogen Papier lebendig werden zu lassen.

Diese Wesen sollen nämlich ein Raumschiff bauen, mit dem sie einen Nachbarstern erforschen können. Gleichzeitig landen auch die Wesen des Partners auf dem Stern.

Die beiden Kinder malen also ihre Raumschiffe auf das Packpapier und lassen ihre Wesen aussteigen. Wie werden sie sich verhalten? Die beiden Kinder, die sich den Stern, also das Packpapier teilen, müssen sich einig werden, was ihre Wesen tun sollen. Dabei kommt es teilweise zu heftigen Auseinandersetzungen der Partner, aber auch der Wesen.

Während sich die Malpartner schon bei der Arbeit einigen, endet die Begegnung der Wesen unterschiedlich. Manche versöhnen sich nach einem Kampf, andere schloßen Freundschaft, die aber nicht lange hält. Bei einigen bleiben nach heftigen Kämpfen nur die Raumschiffe übrig. Manche Wesen finden sich sympathisch, vereinigen sich, und ihre Nachkommen sind interessante Mischungen aus beiden Arten.

Die Erlebnisse dieser Phantasiereise sind so einmalig, daß einige ältere Schüler sie aufschreiben wollen.

Eine Begegnung unbekannter Wesen auf einem fremden Stern

16

Die Prinzessin empfängt den schönen Prinzen und seinen Hofstaat von ihrem prunkvollen Bett aus. Welch reizvolle Szene! Die edlen Herrschaften sind nicht von Pappe, obwohl sie daraus gefertigt sind. Unser Reisetheater umfaßt die ganze Märchenwelt, und das Theater können die Kinder hinbringen, wo immer sie wollen: zum Kindergeburtstag, zur Schulaufführung, zur Weihnachtsfeier oder einfach zur Freundin nebenan.

Das Reisetheater ist aus einem Waschmittelkarton gebaut, der prunkvoll dekoriert wird. Hier darf der Schein ruhig trügen –

wir sind doch im Theater. Die Kinder schwelgen in Farben, Goldglanz, Spitzen und Borten. Farbspritzer leuchten auf. An der Unterseite der Bühne brauchen wir mehrere Schlitze, um die Darsteller führen zu können. Je nach Rolle bekommen die Schauspieler ihre Charakteristik aufgemalt, aufgeklebt oder eingeritzt. Übertreibungen beim Prunk oder beim Darstellen der Bosheit machen besonderen Spaß und können nicht schaden.

An Stäbchen montiert werden die Figuren durch die Bodenschlitze gesteckt und hin und her bewegt.

Wir malen mehrere Kulissen, die vor jedem Aufzug an der Schachtelrückseite befestigt werden. Da gerät schon mal das Himmelbett ins Hexenhaus.

Drei Kinder im Schneidersitz konstruieren und nähen am Bühnenvorhang.

Je nach Talent und Temperament werden die verschiedenen Aufgaben für das Theaterspiel untereinander verteilt: Regisseur, Sprecher, Bühnenarbeiter, Figurenführer.

Ruhe bitte – Das Spiel beginnt!

Erwartung bei den Zuschauern – Spannung bei den Akteuren. Der Bühnenvorhang hebt sich langsam und geheimnisvoll.

Theaterstück zu verschenken

Das sehr verehrte, liebe Publikum wird heute zum Sommerfest eingeladen. Viele phantastische Attraktionen werden geboten. Nur die musikalische Umrahmung fehlt noch. Nach kurzem, kreativem Lärm ist die Idee des lebensgroßen Pappfiguren-Orchesters geboren.

Immer auf der Suche nach billigem, oder besser noch kostenlosem Werkstoff, konnten wir bei einem Gärtner ein Dutzend Blumenkartons organisieren, womit das Materialproblem gelöst war.

Mit großer Intensität ersinnen und erarbeiten die Kinder alles weitere in eigener Regie. Ein Pantomime-Spiel, bei dem allen möglichen, wirklichen und erdachten Instrumenten Töne entlockt werden, geht dem Malen der Orchesterfiguren mit ihren Instrumenten voraus.

Mit Farbe und Pinsel verwandeln sich die Pappdeckel allmählich in einen Klavierspieler, einen Schlagzeuger, der den Namenszug des Orchesters auf seiner Trommel trägt, einen Geigenspieler, eine Flötistin, die nebenbei noch Prinzessin ist, und einige »Neuerfindungsmusiker«, wie die Kinder sie nennen.

In unserem Orchester musizieren gleich drei Harfenistinnen auf abenteuerlichen Harfenkonstruktionen.

Der Dirigent ist die eindrucksvolle Krönung der Musikergesellschaft. Als einziger bekommt er zwei Ansichten gemalt – zum Dirigieren und zum Verbeugen.

Ein Orchestermitglied nach dem anderen findet, je nach Instrument, seinen Platz, und dann...

Vorhang auf! Fremdländische Musik erklingt. Die Kinder haben sie für die selbstkonstruierten Instrumente komponiert und auf Musikkassette aufgenommen. Und der Dirigent verbeugt sich fortwährend – er möchte doch seine Vielseitigkeit zeigen.

Applaus für das erste Pappfigurenorchester

Wir unternehmen gemeinsam eine Expedition. Mit geschlossenen Augen geht die Reise auf eine ferne, unbekannte, noch nie von einem Menschen betretene Insel, nach Phantasien.

Wir sind Forscher und sammeln alle unbekannten Pflanzen, die wir entdecken. Wir malen und katalogisieren unsere Funde und versehen sie mit Namen.

Jedes Kind zeichnet und klebt, malt und druckt die von ihm entdeckten Phantasieblumen auf ein Papier. Bleistifte, Filzstifte, Wasserfarben, Klebefolie, Glitzerstaub, Alufolie, Seidenpapier, Fell, Korken, Wolle und was sonst noch in der Materialkiste zu finden ist, stehen zur Verfügung.

Wir sind Forscher und entdecken unbekannte Pflanzen

Von der Expedition zurückgekommen, breiten die Kinder ihre zu Papier gebrachten Schätze aus. Sie bewundern gegenseitig ihre Funde und übertrumpfen einander beim Erfinden ausgefallener, aber passender Namen. Sie überlegen sich so treffende Bezeichnungen wie »Eckenspitzel«, »Sonnenstern«, »Viereckblume« und »Buntlilchen«. Manche Kinder legen Wert auf lateinisch und botanisch klingende Namen. »Akwardelis«, »Leskuruses« und »Estruminus« werden aus der Taufe gehoben.

Aus diesen botanischen Neuschöpfungen stellen wir unseren Blumenkatalog zusammen. Sauber geklebt und beschriftet wird er aufgehängt und von allen viel bewundert.

Kinder leben im Jetzt, und sie wollen glücklich sein im Augenblick. Deshalb ist der Prozeß des Gestaltens ein Erleben, ein richtiges Erlebnis, und auch das fertige Werk, wenn es ein solches gibt, soll nicht nur zum Hinstellen oder Aufhängen entstanden sein. Man soll vielmehr etwas damit machen, damit spielen können.

Gleich ist die Phantasiestunde zu Ende, und wir sind doch jetzt gerade so schön mittendrin im Spiel ...

»Probierst du's bei mir auch mal?«

»Jetzt bin ich dran!«

»Bei mir geht es besonders schwer, noch keiner hat das Ziel geschafft.«

Und alles kam so: Wir haben kleine Reste unterschiedlicher Materialien gesammelt – Schnürsenkel, Filz, Fell, Seide, Frottee, Alufolie, Plastik, Watte, Kork, Holz, Bast, Gummi, Schwamm ... Jedes Kind bekommt außerdem einen großen Karton als Bildträger, dicke Schnur und Klebstoff.

Wir sitzen im Kreis zusammen und überlegen. Einen großen Irrgarten für Menschen kennen fast alle, meist vom Volksfest her.

Sich deshalb einen Irrgarten für Finger vorzustellen, ist für die Kinder ein leichtes. Daß es ein Spiel bei geschlossenen Augen sein muß, haben sie schnell erfaßt. Es ist also ein Tastspiel, mit Start und Ziel, vielen Hindernissen und Irrwegen.

Die Tastbahnen werden beidseitig mit Schnur abgegrenzt. Ich habe ein paar besonders dicke Schnüre und Seile mitgebracht, damit können wir die Irrwege auf dem Boden probelegen.

Aber wie läßt sich der verwöhnte Finger auf seinem Weg durch den Irrgarten zusätzlich verunsichern, überraschen, erschrecken, wärmen, kitzeln ...?

Die Kinder gehen mit ihrem Finger auf Entdeckungsreise:

Mit der Startwatte werden die Finger motiviert. Wellpappe leitet ihnen den Weg ein. Auf glattem Goldpapier kann man ausruhen, Plastikgitter zum Drüberstolpern, Wildleder als Waldboden, eine Holzbrücke aus Streichhölzern, der Klebstoffbatzen verursacht ein Gruselgefühl.

Das weiche Fell ist die Streichelbelohnung. Das Ziel ist erreicht.

Ein Irrgarten für die Finger

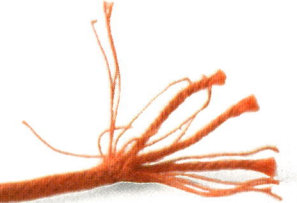

Räumliche Bilder zu schaffen – das ist so etwas wie ein Wunschtraum von uns, dem wir nachgehen. Wir schaffen uns unsere eigene Welt, unsere Wunschwelt.

Schließt die Augen! Wir starten zu einer Phantasiereise. Als Fluggerät dient uns ein selbstgemalter, fliegender Teppich. Ein Ruck – wir heben ab. Die Welt unter uns erscheint klein, wie im Spielzeugland.

Wo werden wir landen? Aus unseren Wunschträumen entstehen Wunschräume. Aber was wird, wenn wir die Augen öffnen? Wenn unsere Wunschumgebung wegfliegt? Wie können wir sie festhalten? Wir wollen diese Ideen nachbauen.

Auf zwei Arbeitstischen liegen Schuhschachteln, Eierkartons, Papprollen, Gipsbinden, Rindenstücke und allerlei Tand. Wir benutzen den Schuhkarton als einen vorgegebenen Raum, in dem wir unseren Wunschraum, unser plastisches Bild, mit verschiedensten Gegenständen gestalten.

Die Kinder sind fasziniert davon, einmal selbst alles bestimmen zu dürfen, ihren Raum nach eigenen Wünschen gestalten zu können. Sie machen eine ganz neue Erfahrung. Sie begreifen den Raum, die Oberfläche, das Hell und Dunkel im Raum. Sie schaffen etwas, das sie mit dem Zimmer, in dem sie leben, vergleichen können, oder mit dem Stadtteil, in dem sie wohnen, und mit dem Spielplatz, auf dem sie spielen.

Es entstehen wunderschöne Labyrinthe, verwirrend kombiniert aus Rinde, Stoff und Papprollen, zusammengefügt mit Gipsbinden. Ein Ort für Geheimnisse, zum Wegtauchen, Mut zeigen und Rätsel lösen. Oder auch, um sich verwirren zu lassen, nur durch Spiel, ohne Blick für Zeit und Sinn.

Spielplätze werden gebaut, auf denen man auch wohnen kann, und Kinderzimmer entstehen, in denen man spielen kann wie draußen im Freien, mit Teich und Bäumen, Hängematte, Musik- und Leseecke, aber auch mit einem Arbeitsplatz.

Die Kinder finden sich in ihren Wunschräumen, in ihrer erdachten Welt schnell zurecht und fühlen sich in dieser, von ihren Händen gestalteten Umgebung sehr glücklich. Wunschträume, die in den Wunschräumen in Erfüllung gehen.

Wunschträume zum Anfassen

Gemeinsam ein Ganzes zu bauen, das ist ein Grundgedanke dieses Projekts. Wir haben die Idee, ein großes Schachspiel zu gestalten, so groß, daß wir uns alle ringsum setzen können und jeder die Spielfiguren und das Schachbrett sehen kann.

Wir besprechen kurz die Grundregeln des Schachspiels, und ich bin sehr überrascht, daß die meisten Kinder schon kleine Spielprofis sind.

Der nächste Schritt ist die Auswahl der gegnerischen Parteien. Die Spielfiguren müssen deutlich voneinander zu unterscheiden sein. Indianer und Cowboys schlagen die einen vor. Oder doch lieber Ritter? Irgendwann haben wir uns dann geeinigt: Stadt gegen Urwalddorf.

Ein blauer Stein-Turm gegen den roten Stroh-Bau, ein blaues, gesatteltes Zuchtpferd gegen einen roten, ungezähmten Hengst, einen Postboten gegen einen Waldläufer, einen blauen König gegen einen roten Eingeborenenhäuptling...

Wer baut welche Figur? Das Los entscheidet. Zuerst wird das Grundgerüst jeder Figur zusammengeklebt, aus einem festen Karton als Standfläche, einer in Stoff eingebundenen Holzwollkugel als Kopf und einer Pappröhre oder zusammengebundenen Eierkartonteilen als Körper. Dann wird jede Figur mit einer dicken Schicht Pappmaché überzogen und geformt. Die getrockneten Figuren bemalen wir später mit Dispersionsfarbe.

Jetzt muß noch ein großes Spielbrett gemalt werden, mit großen Pinseln und viel, viel Dispersionsfarbe. Und so soll es aussehen: Grünbewachsenes Urwaldgelände gegen geteerte, betonierte Stadtstraßen.

Weil die Spielfläche so groß ist, setzen wir sie aus vier Teilen zusammen. Drei Nachmittage lang arbeiten wir gemeinsam an der Gestaltung unseres Spiels. Unsere Phantasie kann sich gründlich austoben. Endlich ist es soweit!

Mit Rücksicht auf einige wenige Neulinge des Schachspiels beschränken wir uns auf die nötigsten Grundregeln, und dann beginnen die hitzigen, oft wiederholten »Kämpfe«. Im Gegensatz zu Erwachsenen spielen Kinder sehr schnell.

Stadt gegen Urwalddorf

Heiß geht es her, wenn die Kinder die Materialecke erforschen. Markus und Tobias zerren an einem riesigen Stück feinen Maschendrahtes, es war ein Fliegengitter. Der Maschendraht ist widerspenstig, läßt sich zwar beulen und biegen, zerren und winden, aber die Beulen, Falten und Knicke bleiben.

»Das sieht ja aus wie eine Gebirgslandschaft«, läßt Markus sich vernehmen. Damit ist das Thema gefunden – ein Feuereifer bricht aus.

Jetzt wird bewußt geformt, Hügel aufgebogen, ein tiefes Tal eingeknickt. Das Gitter muß eingeschnitten werden, um all dem Schöpfungswillen gerecht zu werden. Hier tun sich Lücken auf, dort wird der Mount Everest einfach nicht hoch genug – also aus einem anderen Maschendraht Teile herausschneiden und einfügen!

Bald wird klar, daß wir ohne eine Unterlage nicht mehr auskommen. Schnell sind einige Kartons zerlegt und mit Klammern zusammengeheftet. Auf diesem Untergrund findet unsere Drahtlandschaft Halt.

Sabine schleppt Zeitungen heran; sie weiß ganz genau, wie es weitergehen kann. Papierbahnen, in Kleister getränkt und mit dem dicken Pinsel auf dem Fliegendraht festgedrückt, lassen die Landschaft bald in ganz neuer Weise erstehen.

Wo es immer noch nicht hoch genug ist, die Kante zur Schlucht nicht ganz scharf ist, wird einfach Papier unterlegt. Ganze Klumpen und Walzen verschwinden unter den aufgetragenen Zeitungsblättern.

Eine Woche später ist die Landschaft zu einem stabilen Ganzen getrocknet und läßt vieles mit sich machen. Bald gibt es Wege mit echten Kieselsteinen, unbesteigbare Felsen, Wälder aus Ästen und Reisig. Am Ufer des Sees ist eine Siedlung entstanden aus Papierhäusern, und auf dem See fahren papierene Schiffchen. Das Leben beginnt.

Die Schöpfung

ie fühlt sich eine Schildkröte in ihrem Panzer? Die Kinder möchten es einmal selber spüren, wie das ist, in einem schützenden Panzer unterwegs zu sein.

Das erste Problem taucht auf: Wie wird aus dem flachen Karton ein gewölbter Panzer? Gute Pappscheren und mehrere mutige Schnitte bringen bald einige panzerähnliche Ergebnisse. Tesakreppstreifen geben der Form ihren Halt.

Das weitere Material, Zeitungen und Kleister, kommt zum Einsatz. Der Kopf und die vier kurzen Beine der Schildkröte werden aus geknüllten Zeitungen geformt und in

eine mit Kleister bestrichene Haut gewikkelt. Dann wird alles gut mit Tesakreppstreifen am Panzer verankert.

Zwei Kinder finden bei der Suche nach frischem Kleister ein großes Stück Drahtgeflecht – Georg hat das Hasengitter kürzlich für unsere Materialsammlung mitgebracht. Die beiden sind begeistert über den Fund. Sie experimentieren jetzt mit dem Draht weiter, biegen und formen ihn, bis er die Form eines Schildkrötenpanzers zeigt. Auch er wird in Zeitungspapier eingepackt. Die Schildkröten sind zur Freude der Kinder bereits zu erkennen. Nun wird die nächste Panzerschicht aus gerissenen Zeitungsstücken aneinander und übereinander auf die Panzerform gekleistert. Für die letzte und oberste Schicht haben wir schon Kleisterpapiere vorbereitet; Kleister und Pigmentfarben, mit schmalen Hölzern auf dem Papier strukturiert, ergeben die prächtigsten Farbstellungen. Solche Papierstücke mit ausgesuchter Strukturierung, gerissene Sechsecke oder Kreissegmente, verwandeln nun die rohen Panzer in farbenprächtige Wundertiere.

Plötzlich krabbelt Peter unter seinen Schild, er paßt! Und bald schnappen sich auch die anderen Kinder ihre Tiere. Ein fröhliches Wettkrabbeln beginnt.

Wie krabbelt man am langsamsten?

Die Sonne fällt schräg durch unser Fenster und malt merkwürdige Figuren an die Wand. Begeistert nehmen die Kinder die Sonnenspielerei auf und lassen mit ihren Fingern Phantasiewesen tanzen.

Wir beschließen, ein Schattentheater zu bauen. Dazu brauchen wir nur ein großes weißes Tuch, eine starke Lampe und verschiedene Schattenfiguren. »Ich mache eine Katze«, »ich einen König«, »ich bin ein Schattengespenst«...

Bald haben wir eine illustre Gesellschaft erfunden, der wir nun zu einem Schattendasein verhelfen müssen. Manche Kinder zeichnen die Umrisse ihrer Figuren erst auf Papier und dann auf Pappe auf. Andere machen sich gleich ans Ausschneiden und schaffen derbe, kantige Pappcharaktere.

Für die nächste Stunde sucht sich jeder einen Stock, mit dem man die Figuren führen kann. Die Lampe und ein Bettuch bringe ich mit. Ein etwas gewagter Aufbau auf dem Tisch, mit dem Laken zwischen zwei Stühlen, wird zur Projektionsfläche. Die Kinder knien hinter dem Tisch und lassen ihre Schattenfiguren spielen. Sie wechseln sich ab, sind zeitweise Zuschauer und dann wieder Akteure.

Über das Stück, das zur Aufführung kommt, haben wir uns überhaupt keine Gedanken gemacht. Aber die Kinder sind eingestimmt, und so verwandelt sich binnen kurzem das Laken in einen Ort dramatischer Handlungen.

Drei Stücke werden aufgeführt, Stücke ohne genauen Anfang und richtiges Ende. Ein lieber König wird von einem Gespenst behelligt, seit vielen Jahren schon. Bei Nacht raubt es ihm den Schlaf und tagsüber zupft und zerrt es an der Krone herum, so daß der König an nichts mehr Freude findet. Da taucht eine alte Frau auf und flüstert dem König etwas ins Ohr – das Gespenst verschwindet daraufhin für alle Zeiten. Allerdings bleibt der arme König nicht lange unbehelligt. Nun muß er sich den Annäherungsversuchen eines Krokodils erwehren und wird schließlich für seine Standhaftigkeit mit dem schmusigen Miauen einer ziemlich unförmig ausgefallenen Katze belohnt.

Ein Tuch verwandelt sich in eine Fläche dramatischer Handlungen

33

So lesen sich die ersten Versuchszeilen. Dann schreibt jedes Kind seinen Namen mit einer alten Reiseschreibmaschine. Die Kinder entdecken die komplizierte Mechanik, soweit das möglich ist.

Schließlich, entgegen aller Erwartungen, wollen wir die Maschine nicht malen, sondern bauen. Mit welchem Material?

Wir einigen uns darauf, aus Papier eine Schreibmaschinen-Plastik zu bauen.

Was ist eine Plastik? Das geht natürlich nicht ohne Erklärungen ab.

Erleichtert kommen wir zu dem Schluß, daß die aufgestellten Statuen und andere Plastiken sich nicht bewegen können. Auf den ersten Blick mag der Zusammenhang zwischen einer Plastik aus Papier und einer Schreibmaschine etwas befremdlich erscheinen. Doch die Kinder finden darin keine Unstimmigkeit.

Und auch dieses Mal kann ich wieder entdecken, je ungeeigneter ein Material für ein Thema scheint, um so mehr wird bei den Kindern das klischeehafte Denken vermieden und der Erfindergeist geweckt.

Krmpft245%&§

Gitte streicht Kathrin mit dem Daumenballen die blaue Farbe am Hals glatt. Kathrin kichert. Es kitzelt. Gitte freut sich. Martin hält ganz still. Flori versucht, gegen die Nachgiebigkeit der Haut, in Martins Gesicht eine gerade Linie zu plazieren. Er rutscht ab. Die Linie, die Martin zu einem Tollkühnen hätte werden lassen, macht einen unbeabsichtigten Bogen nach unten. Beide lachen. Die Kinder sind dabei, sich gegenseitig zu schminken!

»Die Farbe an den Händen fühlt sich so schön an!« »Unsere Finger müssen mit der Haut sprechen!«

Der Dialog findet mit den Händen statt.

Und begonnen hat alles mit der Berührung.

»Im Gesicht spüre ich genau, wie die trockene Farbe die Haut zusammenzieht.«

Die Kinder schneiden Grimassen, um die Sinnesqualität deutlicher zu prüfen. Die Gesichtskonturen des anderen werden betastet, mit Schminke deutlicher gemacht oder verwischt, um maskenhafte Veränderungen hervorzubringen. Einzelne haben sich in sich selbst versenkt.

Dieses angenehme Gefühl

Wie gern stillgehalten wird! Eines ist sicher: Bei der Arbeit überwiegt ganz kräftig die Freude. Sonst gäbe es da nicht dieses angenehme Gefühl, das sich immer einstellt, wenn wir etwas Stimmiges gemeinsam machen.

Nur die Köpfe ragen noch aus den blauen Plastiktüten heraus, die durch je drei Schnitte zu Kleidern wurden.

Die Kinder wünschen sich jetzt Hüte. Gleichsam als Fortsetzung und Erweiterung ihrer künstlichen Haut aus Farbe, wie »Fühler«.

Sie suchen sich aus unserem Materialschrank heraus, was sie brauchen: Packpapier, Wandfarben, Scheren. Wir tüfteln aus, wie wir Hüte aus einem Stück machen können. Annemone modelliert feuchtes Packpapier. Andere greifen zur Schere, setzen durch Schnitte fransige Akzente. Wandfarbe wird dick aufgetragen und mit viel Weiß zu Mustern verarbeitet.

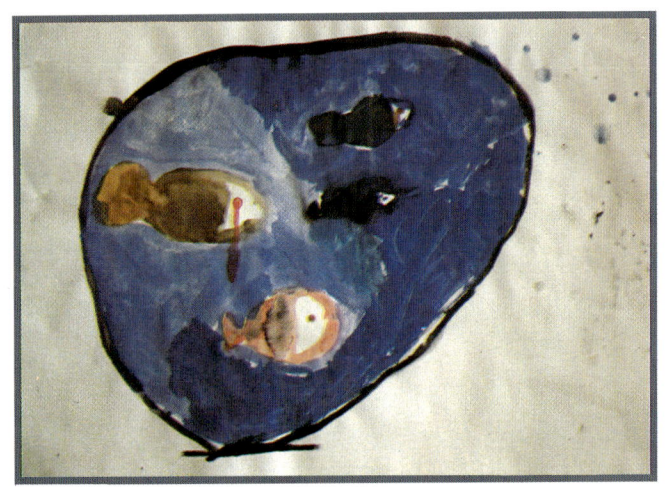

38

Stellt euch vor, jeder von euch besäße eine Insel im Ozean. Jeder seine eigene. Wie sieht sie aus? Was wächst darauf? Ist die Insel klein oder groß? Leben dort Tiere?

Die Kinder fangen an, sich Mögliches und Unmögliches auszudenken. Sie reden, erzählen, beginnen sofort zu malen, schneiden ihre Insel aus. Sie nehmen Karton für die Insel, Papier ist das Wasser.

Der Umgang mit Pappe ist für die jüngeren Kinder anstrengend. Sie haben noch nicht so viel Kraft, aber es ist zu schaffen.

Jonas hat eine Schere dabei, zufällig. Leiht er sie aus? Es gibt Auseinandersetzungen. Die Schere ist und bleibt die seine.

Ich greife nicht weiter ein, sondern sage nur: »Frage ihn doch, vielleicht leiht er sie dir?« Er leiht sie nicht allen Kindern. Er erfährt Freundschaft und Feindschaft. Er kann darüber entscheiden.

»Darf ich auch mit Filzstiften malen?«

»Versuch es mal…« »Was gefällt Dir besser: Filzstift oder Wasserfarben?«

Die anderen Kinder überlegen mit, was ihnen besser gefällt und wieso. Es entsteht ein Gespräch. Wasserfarben kann man mischen. Man kann auch dicke Striche mit ihr machen. Man kann schneller damit malen, besonders Flächen. Die Farben sind schöner.

Aber man kann ja auf einem Bild mit Filzstiften und Wasserfarbe malen. Das ist etwas Neues. Jeder entscheidet, was er will. Die Träume werden Wirklichkeit, die Vorstellungen werden sichtbar.

Zum Schluß hängen wir alle Bilder auf. Die Kinder freuen sich, wenn sie ihre Werke so ausgestellt sehen.

»Das ist mein Bild!«

Dann kommt bereits eine neue Idee, was die Kinder nächstes Mal machen möchten.

Eine Insel im Ozean für mich ganz allein

Die Kinder wollen einen Schachtelteufel bauen. Weil keiner so recht weiß, wie das geht, zeichnen wir zunächst verschiedene Entwürfe. Grimmige, zottelige, freche, fröhliche Teufelchen wiegen sich auf Sprungfedern in unterschiedlich großen Schachteln. Da wir keine Federn haben, besorgen wir uns Draht, außerdem brauchen wir Kartons, Schachteln und Kisten. Weil wir Draht in allen Größen haben, experimentieren die Kinder damit. Wie dick muß der Draht für eine Feder sein? Wie lange muß man ihn wickeln, damit er den Teufel mit Kraft aus der Schachtel jagt, nicht aber den Schachteldeckel abreißt? Welches Gehäuse eignet sich dafür?

Am einfachsten geht es mit der Streichholzschachtel. Ein Blumendraht wird dicht um einen Filzstift gewickelt. Die unteren zwei bis drei Windungen werden mit einem Klebeband am Rand des Schachtelbodens festgeklebt. Auf das andere Ende der Feder wird der Teufel gesteckt.

Für den, der statt eines Zündholzes einen Schreck bekommen soll, lassen wir das

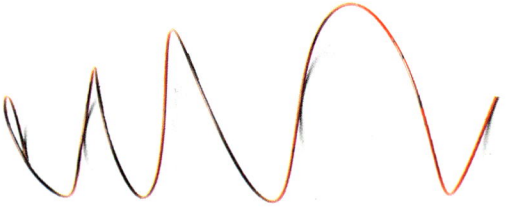

40

Äußere der Zündholzschachtel, wie es ist. Während die Konstruktionen ausprobiert werden, ist die Hölle los und das Gelächter riesengroß.

Mit der Größe einer Schachtel muß auch deren Stabilität und die Stärke und Länge der Feder zunehmen. Dabei ist bei Pappe eine Schiebeschachtel mit Griff sinnvoll, bei Holz eine Kiste mit Scharnierdeckel.

Den stärkeren Draht dreht man am besten zu zweit zu einer Feder: Ein Kind dreht den Stab, das andere hält den Draht gespannt. Bei den größeren Pappschachteln müssen wir einen »doppelten Boden« einpassen und am Schachtelboden befestigen, in den das Ende der Feder durch ein Loch eingefädelt wird. Bei Holzböden kann man das Federende einfach aufnageln. Damit die Feder beim Zusammendrücken nicht umknickt, brauchen wir noch eine Führung, die am Boden aufgeklebt wird. Das kann ein Stück Klorolle oder ein Pappstreifen sein.

Der Teufel wird aus Pappe, Papierstreifen, Glitzerpapier, zotteligen Wollhaaren, Bast, Fellresten oder Stoff gestaltet.

Eins ist klar: Der Teufel hat viele Gesichter!

Der Teufel springt aus der Erfinderkiste

Einem indischen Maharadscha erscheint eines Nachts ein weißer Elefant, der zu ihm spricht. Auch nach dem Aufwachen geht ihm dieses wunderbare Tier nicht mehr aus dem Sinn. Deshalb will er den Elefanten suchen und besitzen, koste es was es wolle. Gleich am Morgen befiehlt er den Bau einer Flotte. Seine 25 Frauen, die 225 Kinder, die Diener, Köche, Soldaten, Stallknechte, Matrosen, Kapitäne, Fischer, Ärzte, Lehrer und Kindergärtnerinnen sollen Reisevorbereitungen treffen, denn alle fahren mit. Um es während der langen Reise bequem zu haben, wird kein Aufwand gescheut: Da gibt es Transportschiffe für Verpflegung und Tiere, Dienerschiffe, das Palastschiff, ein Küchenschiff, ein Schulschiff, ein Kindergartenschiff und sogar ein Gartenschiff mit einem kleinen Pavillon – für den Nachmittagstee des Maharadscha.

Höchste Bequemlichkeit entsteht aus Wegwerfdingen: Aus Zitronennetzen werden Hängematten, eine Blechbüchse wird zum luxuriösen, goldenen Schwimmbecken, Glitzerpapier veredelt das Palastschiff, Stoffreste, Butterbrotpapier, Streichholzschachteln. Alles kann gebraucht werden. Holzreste, Klötzchen, Leisten finden sich überall.

Mit Säge, Hammer, Nägeln und Leim wird daraus der Rohbau gezimmert und im Testbecken auf Schwimmtauglichkeit geprüft. Bekommt ein Boot Schlagseite, muß die Grundfläche verbreitert werden, oder die Holzaufbauten werden durch leichtere Materialien ersetzt. Dann werden die Decks mit Menschen und Tieren belebt.

Zu guter Letzt suchen wir ein Gewässer auf, binden die einzelnen Schiffe mit einem langen Tau zusammen – und die schwimmenden Palastgärten gehen auf die Reise!

Die schwimmenden Palastgärten des Maharadscha

Ich bin Schauspieler und blicke von der Bühne auf ein Publikum, das mich voller Erwartung anschaut – oder schläft da jemand? Wer kichert in der hinteren Reihe? Oder sind die Zuschauer atemlos gebannt von meinem Monolog? Werden sie mir nach dem Spiel applaudieren?

Die Kinder versuchen, die Mimik des Publikums nachzuahmen. Was unterscheidet ein fröhliches Gesicht von einem traurigen, ein gelangweiltes von einem interessierten?

Einige Kinder üben sich im Grimassen-schneiden, andere raten und zeichnen die wichtigsten Merkmale auf. Wir werden das Publikum in einer Federzeichnung festhalten. Dabei möchten wir die entscheidenden Linien finden, die einen Gesichtsausdruck kennzeichnen, und uns nicht in Details, wie zum Beispiel lang geschwungene Wimpern, verlieren.

Die Kinder schlagen vor, die Schreibwerkzeuge selbst zu schnitzen. Die herkömmlichen Metalltuschfedern sind bei den Kindern ohnehin nicht sehr beliebt. Sie zwingen zu kleinformatigem Zeichnen, geben

immer die gleiche Strichstärke und kratzen unangenehm auf dem Papier, sobald man heftiger damit arbeitet.

Jedes Kind schnitzt sich seine »Feder« aus einfachen Obstkistenbrettchen zurecht. Einige fertigen gleich ein ganzes Sortiment. Die Schnitzmesser bleiben auf dem Tisch liegen, damit die Zeichengeräte jederzeit nachgeschnitzt werden können.

Anstelle von Tusche rühren wir in einem großen Glas wasserlösliche Holzbeize an.

Die »Federn« liegen gut in der Hand, man kann schwungvoll damit arbeiten.

Gesplitterte Holzstücke ergeben gleich zwei oder sogar mehrere Linien.

Manch prominenter Bühnendarsteller mag uns um unser Publikum beneiden, das mit weit aufgerissenen Augen und geöffnetem Mund dem Spiel lauscht, das sich an der richtigen Stelle vor Lachen biegt, und dem die Gesichter in Tränen verschwimmen, wenn es gar zu dramatisch zugeht.

Unser Publikum scheut sich auch nicht, die Arme jubelnd in die Luft zu werfen oder mit dem Taschentuch zu winken.

Bravissimo …

Ich stehe auf der Bühne und schaue ins Publikum

Stellt euch eine Tür vor, eine, die ihr gut kennt und täglich benützt! Von außen, also ungeöffnet, sieht sie ganz gewöhnlich aus, wie eine Wohnungs-, Küchen- oder Klassenzimmertür. Doch eines Tages öffnet ihr sie, da plötzlich ...

Mit einer kleinen Spannungskurve sind die Kinder schnell animiert, sich in einer gewöhnlichen Umgebung eine außergewöhnliche Situation vorzustellen.

Oder stellt euch vor, ein Besucher öffnet die Haustüre und ein Eisbär lacht ihn an! Oder dein Freund möchte dich zu Hause abholen, doch hinter der Tür grinst ein Gespenst.

Wie herrlich, endlich werden solche langgehegten Wünsche gestaltete Wirklichkeit! Die Kinder schwelgen in Vorfreude.

Sie können es kaum noch erwarten, ihre Freunde zu überraschen, sie das Gruseln zu lehren oder sie zum Lachen zu bringen.

Zunächst basteln sie die Tür.

Ein nicht zu starker Karton wird in der Mitte gefaltet. Mit einem Teppichmesser schneiden sie in die eine Hälfte des Kartons mit drei Schnitten eine Tür und knicken diese um. Der Rand bleibt als Türrahmen stehen. Er wird auf die andere Kartonhälfte geklebt. Jetzt kann sich hinter dieser Tür eine Überraschung verbergen.

Natürlich haben die Kinder auch eigene Konstruktionsvorstellungen. Alles ist möglich! Die Überraschung und deren Verwirklichung liegt in ihrer Phantasie.

Mit Papier und Schere, Faden und Klebstoff oder auch nur mit dem Malkasten werden die tollsten Überraschungen vorbereitet, die dann reihum lange für Gruseln und Lachen sorgen.

Am gewagtesten ist diese Konstruktion: Beim Öffnen der Klassenzimmertür klappt mittels eingebauter Schnur ein weiteres Türchen auf, hinter dem sich statt der Lehrerin ein freundlich lächelndes Monster verbirgt, dem auch noch ein gefalteter Papierdrache vom Arm springt.

Eine Überraschungstür geht auf, da plötzlich ...

Die Einladung zu einem besonderen, gigantischen Tortenessen ist ausgesprochen. Wir sind zugleich Gastgeber und Gäste. Und wir werden uns Selbstgemachtes auftischen, daß sich die Pinsel biegen. Schließlich sind unsere Zutaten nur vom Feinsten: Es gibt Styropor und Farbe, die Möglichkeiten sind unbegrenzt.

Die Kinder freuen sich über die leichte Handhabung des Materials. Messer holen widerstandslos, wenn auch quietschend, jede gewünschte Form aus dem Styropor. Die verschiedenen Platten werden übereinandergetürmt, schwanken, halten, kippen um, rutschen weg.

Es rieselt weiße Kügelchen – Material für Dattelsahne, Nußbaisers und Buttermilch-Zimt-Gelee.

Wer sagt, daß es keine giftgrüne Torte gibt? Lila muß her, Pink, Orange, Himmelblau. Die Tortentürme, Törtchen und Schnitten bekommen Farbe.

Schaut nur, wie prachtvoll sie sich präsentieren, unsere Kaffeehausschönheiten!

Mehr Schein als Sein, aber zum Reinbeißen appetitlich. Es lohnt sich, die Augen in ihre Farbigkeit zu tauchen. Sinnlichkeit bringt das Wesen der Dinge näher.

Die Verbindung zum Objekt wird mit Nase, Ohr, Mund und Händen gesucht:

»Schmeiß mal eine Torte 'rüber!«

»Gnädige Frau, wenn Sie mir bitte die Sahne reichen würden.«

Jetzt hält es wirklich keiner mehr aus:

Es wird hineingebissen ins Tortenstück.

Igitt, wie das knirscht und quietscht!

Es schmeckt nicht, riecht nicht, hat kaum Gewicht. Torten, die nicht kleben und glitschen, spucken wir in die Gegend, hauen mit der ganzen Hand hinein ins brüchige Vergnügen.

Die Ordnung beginnt zu schwanken. Neue Formen entstehen – unbeachtet.

Die feinen Damen verreiben verächtlich Styroporkugeln zwischen ihren spitzen Fingern. Schon halb abgewandt, lachen sie lauthals über das Windei, das hauptsächlich aus Vorstellungen bestanden hat.

Im Zwiegespräch mit Vorstellung und Wirklichkeit

Das Bilderbuch »Swimmy« von Leo Lionni kennen viele Kinder, und sie lieben es sehr. Wir schauen es auch oft und gern an und träumen von der Unterwasserwelt. Und so ist es nicht verwunderlich, daß die Kinder Swimmys Unterwasserreich auch selber bauen möchten.

In das Aquarium muß man hineinsehen können, deshalb besorgen wir uns durchsichtige Schachteln und Dosen. In Kaufhäusern werden meist Bonbons darin aufbewahrt. Es gibt sie dort in großen Mengen, und sie werden ohnehin nach Gebrauch weggeworfen.

Jetzt hat jedes Kind sein Aquarium vor sich aufgebaut. Auf den Außenwänden des Aquariums lassen sie mit Folienstiften Wasserpflanzen wachsen.

Den Boden, die Unterwasserlandschaft, gestalten sie aus Tonpapier und farbiger Plastikfolie, gesammelten Kieselsteinen, Schneckenhäusern und Muscheln.

Dann werden die Fische aus Tonpapier ausgeschnitten und mit dünnen Bindfäden am Schachteldeckel sorgfältig aufgehängt.

Sobald der Deckel des Aquariums geschlossen wird, beginnen Swimmys Abenteuer. Die Fische treffen sich zu einem Plausch, spielen Fangen, schwimmen lustig hin und her, verstecken sich in Schneckenhäusern oder hinter Kieselsteinen.

Stefan erfindet beim Spielen die beweglichen Fische. Er schneidet zuerst Schlitze in den Schachteldeckel, dann bindet er die Fäden, an denen die Fische hängen, an einem Korken fest. Zum Schluß schiebt er die Fische durch die Schlitze wieder in das Aquarium zurück, die Korken bleiben außerhalb des Deckels. Wenn man nun die Korken hin und her schiebt, sieht das aus, als würden die Fische im Aquarium wirklich schwimmen.

Unglaublich, was Swimmy nun alles erleben kann. Mitunter stößt er sich ganz unsanft die Nase an der liebevoll arrangierten Unterwasserlandschaft. Nach und nach lernt er seine Nachbarn kennen. Gerade besucht ihn Thekla, die Seespinne. Auch mit Muscheln, Seesternen, Korallen und Seeigeln schließt er Freundschaft.

Tief versunken sind die Kinder in ihr Spiel.

Swimmy träumt von seiner Unterwasserwelt

Eine Reproanstalt hat uns belichtete Filmreste geschenkt. Wir zerschneiden sie in mehrere Teile, so daß jedes Kind sein eigenes Filmstückchen in Händen hält. Wozu verwendet man die Filme normalerweise, und wie werden sie dann weiterbehandelt? Wir entschließen uns, in die beschichtete Filmseite Linien einzuritzen. Wir finden dazu allerhand Kratzwerkzeug: Zirkel, Nägel, Dosenöffner.

Aus den Linien werden kleine Tiere. Wir kleben unsere Bildchen ans Fenster. Die Tiere sind nun gut zu erkennen, und die Kinder erzählen Geschichten von ihnen.

Richtig spannend wird es, als der Raum verdunkelt wird. Die Kinder kauern sich eng zusammen und schauen erwartungsvoll auf den Diaprojektor. Er wird, gleich einem Zauberer, die Tiere verwandeln können. Das erste Tier erscheint auf der Leinwand. Plötzlich nicht mehr süß und klein – ein Riesenungeheuer steht da vorn!

Was für ein Unterschied zu den kleinen Fensterbildern! Die Kinder sind sehr beeindruckt. Dieses zottelige Riesenmonstrum wird wohl mit der kleinen Baumhöhle als Wohnstatt nicht mehr vorliebnehmen.

Und mit dem Fressen ist das auch so eine Sache – ob man da nicht noch enger zusammenrücken sollte...

Plötzlich sind die Tiere nicht mehr süß und klein

x

H eute haben wir ein Spielzeug erfunden. Es ist bunt, kann fliegen und besticht durch seine Einfachheit.

An einem Korken oder an einer Garnspule werden bunte Bänder befestigt. Bei der Spule kann man die Bänder einfach durch das mittlere Loch ziehen und auf der anderen Seite zusammenknoten. Möglichst lang sollten sie sein, damit der Bänderschweif weit schwingt, wenn er seine Bahn zieht.

In Minutenschnelle sind die Kinder diesmal fertig. Sie können jetzt die Erprobung kaum erwarten und drängen hinaus.

»Das Flugding schaut aus wie ein Hahn.« Auch die anderen Kinder freuen sich über die Ähnlichkeit.

»Dann braucht es auch einen Namen!«

»Ein Reimname wäre doch lustig!«

»Schwan der Hahn« – »Hahn im Kahn«.

Die Kinder kichern. Nein, auf Hahn will ihnen nichts Rechtes einfallen. So wird es denn ein Gockel. Die Kinder einigen sich auf den Gockel namens Jockel.

Jetzt können sie endlich losrennen, auf die Wiese. Zuerst ziehen sie das Flugspiel beim

Laufen in weiten Bahnen hoch über den Köpfen hinter sich her und können sich nur schwer trennen. Doch dann lassen sie plötzlich los – und in hohem, weitem Bogen zieht Jockel durch die Lüfte.

Mit den bunten Bändern fliegen unsere Phantasie und unsere Träume hoch in den Himmel. Eine bunte Heiterkeit vor dem Horizont. Fast schwerelos. Es ist nicht wichtig, wie weit unser Jockel fliegt, es entsteht kein Wettspiel. Wir freuen uns allein am Fliegen, am Schweben.

Die Phantasie sprengt den Rahmen der Wirklichkeit, die Träume wollen frei sein und landen nicht gern. Oder fängt sie jemand auf?

Die Kinder vergessen die Zeit bei dem bunten Spiel der Bänder und der Farben, die sich treffen, überschneiden und dann wieder ihre Bahn aufnehmen. Mal fliegen sie einzeln, mal alle zusammen, dann zu zweit, zu dritt, zu viert. Ein Nebeneinander wird immer wieder ein Miteinander, formiert sich zum Kreis, verdichtet sich zum Punkt, um sich wieder in einzelnen Bögen aufzulösen. Endlos könnte es so weitergehen.

Flieg, bunter Gockel namens Jockel

Viermal im Monat treffen wir uns, einmal in jeder Woche und einmal davon bei Vollmond. Auch bei bedecktem Himmel erkenne ich am »Andante furiose«, daß heute der Kurstag bei Vollmond ist. Das Temperament der Kinder schlägt hohe Wogen; der Vollmond gebietet wie ein Dirigent über die Gemüter der Kinder. Sie toben hintereinander her wie in Wilhelm Buschs Geschichte vom Affen Fips.

»Wißt ihr, daß heute Vollmond ist?«

»Bei Vollmond bin ich immer unruhig und kann nicht schlafen.«

»Was machst du denn dann, wenn du nicht schlafen kannst?«

»Die Geister kommen in mein Zimmer.«

»Dann lassen wir sie doch mal kommen, die Gespenster!« Jetzt kommt Stimmung auf. Auf den Blättern der Kinder fliegen Farben und Geister wild durcheinander. Sie poltern, purzeln, erschrecken einander, toben, tanzen, springen aus ihrem Farbendasein unter die Kinder, tauchen im Malkasten unter und lösen sich in Farben auf.

Erschreckt und auch begeistert, sehen die Kinder dem Treiben ihrer Geister zu. Die Phantasie wird Wirklichkeit.

Ganz unbeirrt von diesem wilden Treiben sitzt bei einem Mädchen ein kleiner Dackel in der Ecke des Blattes und schaut friedlich zu einem Vollmond hinauf. Ein jedes Kind nach seiner Art und nach dem Grad der inneren Spannung.

Was treiben die Geister bei Vollmond?

Die Kinder wollen ein Bilderbuch machen. Ein neuer Gedanke kommt auf, es soll ein transparentes Bilderbuch werden. Alle sind von dieser Idee begeistert. Um mit dem Gedanken der Transparenz schnell vertraut zu werden, fangen wir gleich mit der handwerklichen Arbeit an.

Das Buchbinden soll nicht zum Problem werden, wir einigen uns auf den Vorschlag: Gefaltete oder gerissene Transparentseiten werden mit einigen Heftklammern zusammengehalten.

Die Kinder haben Reste von buntem Papier, bunter Folie und Wachsmalkreiden mitgebracht. Gebraucht werden kräftige Farben, die das Transparentpapier über mehrere Seiten hindurchscheinen lassen.

Die Kinder überlegen, wie und was sich besonders gut gerade in solch einem Transparentbilderbuch abbilden läßt, geheimnisvoll und spannend soll es werden.

Stefan nenn sein Buch »Die zwei Lokomotiven«. Eine kleine Lokomotive verwandelt sich langsam, von Buchseite zu Buchseite, in eine große Lokomotive.

In Marias Bilderbuch entwickelt sich ein Zaubergarten: Erst ist nur ein tiefblauer Teich zu sehen; eine Seerose wächst darin, beginnt zu blühen, die Farbe des Wassers verfärbt sich violett, Berge zeigen sich im Hintergrund, und genau aus dieser Richtung nähert sich ein vogelähnliches Tier...

Transparente Verwandlungsgeschichten

59

Gestern besuchten die Kinder eine Reptilienschau. Sebastian ließ sich sogar eine Schlange um die Schultern legen. Die Kinder waren fasziniert von diesen Tieren.

Jetzt sitzen wir alle im Kreis und erzählen nochmals die Erlebnisse mit den Schlangen. Anne versucht, die Bewegungen der größten Schlange nachzuahmen: wie sie ihren Kopf hochstellt, ihn hin und her wiegt, sich wieder zusammenkringelt und den Kopf unter den Schlangenkörper schiebt. Sofort setzen alle Kinder diesen Schlangentanz fort. Einige züngeln und funkeln dabei mit den Augen, ganz gefährlich wollen sie aussehen.

Auf langen, schmalen Packpapierstreifen beginnt nun jedes Kind, eine riesengroße Schlange zu zeichnen. Sie verwenden Tafelkreiden dazu, ein sehr begehrtes Material. Zum Ausschmücken stehen ihnen Metallpapiere zur Verfügung. Dieses »wertvolle« Papier verwenden die meisten Kinder ganz sparsam und akzentuiert. Nur der Kopf wird geschmückt. Oder das Muster des Körpers wird mit kleinen roten, blauen, grünen und goldenen Schnipseln hervorgehoben. Lediglich Martin beklebt seine Schlange ganz mit bunten Metallpapierstücken, damit sie wie echt aussieht.

Die Kinder arbeiten konzentriert und jedes ist ganz in seine Arbeit vertieft.

Stefan ist sonst immer sehr nervös und rennt hin und her, sobald er mit seiner Arbeit fertig ist. Heute zieht er sich still in eine Ecke zurück, vergißt alles um sich herum und spielt in fast beschwörender Weise mit seiner Schlange. Er läßt sie über seine Knie kriechen, um seine Schulter winden, wieder auf den Boden gleiten. Ganz versunken ist er in sein Schlangenspiel.

Das beobachten die anderen Kinder. Es steckt sie an. Und plötzlich sitzen sechzehn Schlangenbeschwörer auf dem Boden und erproben ihre Kunststücke. Ganz leise lasse ich eine sanfte, wiegende Musik abspielen – und bald nehmen die tanzenden Schlangen die Bewegung der Melodie auf.

Schlangen im Bann ihrer Beschwörer